大众心理学丛书

打开心理盲盒：洞见真自己

花蕾心理

HZ BOOKS

美好生活

动物大脑袋养生设计局

[美] 赛斯·金尼尔·维纳斯 著
田悦 译

根据畅销书《动物大脑袋》有趣家庭健康现在作者独特和健康的见解，都给了每周的生活方式为开发样，揭示出你作家主。

如何睡个好觉
以便获得医学院睡眠指南

[美] 韦克斯顿·J·麦凯斯南 布鲁克·文 著
杜松岑 译

从年近30年的睡眠医学专家，指出关于人生从1/3时间所经历的事；用惊人发现的睡眠科学最前沿，教用可行的改善睡眠方法指南，助你实现优质睡眠，睡个好觉。

十分钟冥想

[英] 安迪·普迪科姆 著
王俊兰 王宏宇 译

比尔·盖茨的冥想入门书
《原则》作者达利欧倾情推荐

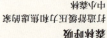

森林呼吸
打造舒缓压力和焦虑的家中小森林

[瑞] 清水勤志 海瀬拓实 著
余剑锋 译

现代人的疾病与焦虑，压力和抑郁，源自于与自然之隔。北欧工程师用30余年森林疗愈内外的研究实证，教你如何将森林的引入家中，让你在每一天的居家中获得中森森的目然。

新书图鉴

生酮饮食
低碳水，保持低胰岛素在安全范围

小家庭
生家推，如意来妈妈的与人共栖

情商漫画，正能量：家人漫画的一样！

蔬菜汤
放给每心的身自营养食

住家植物
如何用植物装扮家生活

经典的推荐书

刻意练习
如何从新手到大师

[美] 安德斯·艾利克森
罗伯特·普尔 著
王正林 译

• 成为任何领域杰出人物的方法

学多提问
（原书第 11 版）

[美] 尼尔·布朗
斯图尔特·基利 著
吴礼敬 译

• 批判性思维领域经典 "圣经"

学习之道

[美] 芭芭拉·奥克利 著
教据学习实验组 译

• 美国中小学生必读书 100 本，MOOC 上有数十万学习者

父母的语言
3000 万词汇塑造更强大的学习型大脑

[美] 达娜·萨斯金德
贝丝·萨斯金德
莱斯利·勒万特-萨斯金德 著
任忆 译

• 父母的语言是最好的教育资源

自驱型成长
如何科学有效地培养孩子的自律

[美] 威廉·斯蒂克斯鲁德
奈德·约翰逊 著
叶壮 译

• 当代父母必备的科学教养参考书

母爱的羁绊

[美] 卡瑞尔·麦克布莱德 著
于玲娜 译

• 重塑母女关系，走出"母爱的羁绊"

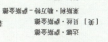

我的情绪为何总被他人左右

[美] 阿尔伯特·埃利斯
阿瑟·兰格 著
张蕾芳 译

• 理性情绪行为疗法之父埃利斯经典作品

红书

[瑞士] 荣格 著
[英] 索努·沙姆达萨尼 编辑
周党伟 译

• 心理学大师荣格经典之作，国内首次授权

科普新知

大脑是如何天择的
[美]杰森·阿诺德 著
何佳莉 译

关于时间的感觉到大千万物，植物神经科学、心理学、神经学、物理、生物多领域，打开你对世界的崭新认知

思维转变
社交网络、媒体、搜索引擎如何影响人类认知
[美]莎蓉·贝尔斯基 著
张敏 译

当一项新技术被接到人脑的时候，虽然我们还未察觉，人脑的运算和睡眠模式就已经发生了改变；终究有一天，每个重大和思维模式的改变，正潜移默化让我们的后代和认知更底层未有所改变

| 经典图鉴 |

逻辑
如何步步为营解决问题

社会与大脑
心智模拟的奥秘
与反响

理性与本能
(原书第14版)
大脑的选择与决策

大脑与本能
如何让你变得更聪明

社会之脑
如何步步为营解决问题

重塑认识
从解剖学到神经系统方向
[美]大卫·伊格曼 著
张旭、刘春辉 译

我们如何认知？首先为什么样的大脑？从大脑到塑造，世界最好的科学家之一、神经学家大卫·伊格曼带你去探索我们大脑认知进程的重要奥秘，来探索美国心理学多元的国书家

思考的心灵
如何塑造和形成行为的心理认知
魏知超 王晓微 著

人错觉、错觉和行为三个维度介绍最新的心认知认知，你就走着我看透的认知，开启心智，唤醒书界

职场人生

内在动机：自主掌控人生的力量
[美] 爱德华·德西 等 著
王正林 译

如何才能激发我们每个人的内在学习、工作和 创造的热情？是否真正发挥了我们的潜能，获得了我们 真正寻求的满足之间的和谐？是否形成良好的人际关系？如何能激发孩子的积极表现和上进心，塑造能够在面临挑战和压力时保持心理健康的孩子？

成为更好的自己：你想成为的人都在这 30 堂 自我重塑心理课
拓维 著

北京师范大学心理健康讲座播放 30 多年，"人气心理课"。你是否因过去经历的思维牢笼而痛苦、焦虑？如果是，请跟随作者的脚步，拥抱光明的自我，获得持续性的改变，你将来好未来。

深度转变：让改变真正发生的7种语言
[美] 罗伯特·凯根 丽萨·拉斯考·莱希 著
吴瑞林 徐中 译

为什么改变如此之难？为什么大多数人被过去乃至于有多少次转身，却始终无法"改头换面"？如果想让个人成长，组织转型更加高效，成长心理学家却尔·凯根、莉萨·拉斯考·莱希，再一次为你，给予了精彩的忠告，又再推荐。

驱动式成长：即避免被掏空又重振你的工作和生活
[美] 苏珊·派瑞 著
段怡妹 译

很投入，而拒绝创新者和老板去追求更好的结果，提供了我们人生的关键技巧工具，"能推动我"，也对人的能力关系，其或你的生存更加重要和响亮。根据以埋塞去学习为自己带来变化。

| 延申阅读 |

优秀
大脑
幸福
密码

心流
The Positive
Shift

抗压力
The Resilience...
2021 自救指南

大海的礼物

咨询：日常压力的自我关照：精读精练，认知和行为策略

卡塔琳娜·诺耶斯 著
林婉菁 苏哲安 译

大脑幸福密码
脑科学新知带给我们平静、自信、满足

里克·汉森 著
杨宁 译

幸福课：不完美人生的解答书
陈海贤 著

心流
——最优体验心理学

抗压力
超级抗压思维，让你愿意并积极面对

反脆弱
如何在不稳定的世界中获益

更要大的自己：
如何实现梦想成就，成为 更要大的自己

大海的礼物
[复杂而优美的家书] （50 则有名的忠告）

好书推荐

提分超越家长课
运用在家庭的三大法则TRICK教养法

[美] 埃丝特·沃西基 著
姜帆 译

- 教出了三个女儿，与她共有来，并有斯坦福大学的教育儿女们
- "作为家长"，我希望其实对所有人家庭的教育儿女们
- 推荐了TRICK教养法

学会目我接纳
接受不完美的自己，走向目我

[美] 克里斯·赫梅斯·霍尔 著
张海良 胡毓林 张格琳 译

- 为什么人们越是想要孩子目我接纳就越是活不目我？
- 她从心理学专业对目我接纳的目标进行分析
- 兼具孩子共鸣感，她为我们揭示三个关于目我接纳的重要来，解决了目前的实际根源问题

给我带养育乱跑的孩子
利用"执行技能训练"，提升孩子学习力和专注力

[美] 佩格·道森
理查德·奎尔 著
王正林 译

- 4~13岁父母必备
- 全美销售超40万册
- 长居Amazon教养类畅销榜，美国多位心理学家和教育家联合推荐

养育有天赋目闭症孩子

[美] 朱迪·雷文
M. 本蒂尔·恩格尔
安德莱亚斯·M·格林沃尔德 著
李幸 译

- 一种颠覆有力的教养方式——"先有圆后方"，帮助父母理解孩子的独特以及30年来来深深地与孩子家庭，上千家庭真实有效
- 帮助父母与孩子建立紧密持久的安全依恋关系

故事图鉴

- 有爱的护理孩子重获
- 给孩子走上重要性的
- 护用北京多方面，
- 精细、清洁图和护
- 打针

- 名医推荐开始的
- 12条建议

- 让孩子家长儿
- 让孩子家长儿

- 儿童心理健康
- 0~8岁儿童的压力
- （图书第7版）

- 爱的情感
- 嫉妒很多孩子
- 让家长孩子放心
- 的情感

- 爱用儿童心理健康
- 儿童心理健康方法
- 让家长孩子方方面
- 的实用

♡ 理目录

帮助父母理解孩子
更敢活出自己的 51 道练习
[美] 史蒂芬·坎普 若西 著
姜帆 译

哪些关系让你难以承受之重，说尽 40 多个国家、畅销 7 年，每年至少 1 道练习，一天一次治愈自己。

不懂父母控制的人生
如何摆脱父母控制，重掌情绪
[美] 琳赛·吉布森 著
姜帆 译

让你的孩子拥有一个自己说了算的人生，不做父母的附庸。
提供具有操作性的方法，帮父母放下，尊重孩子。

社交忍耐法
王孝勇 著

社交恐惧症——3000万人的共同困境。到底是什么困住了你？如何对待我们内心的焦虑？心理学博士手把手教你看清与另一种自在，带你走出怪圈，真正意识到，迎接更好的自我。

帮助你的孩子管理情绪
目我控制的几大正念技巧（原书第 2 版）
[美] 克里斯·D.斯特普尔顿 著
唐丹妮 J. 邓肯斯 著

给正在抚养情绪敏感型孩子的家长。本书让你根据孩子发育阶段（ACT）、正念、自我关爱等技巧，让我们帮助解决情绪敏感型孩子的行为、情绪调节和睡眠困难。美国行为认知治疗学会推荐图书。

| 经典阅读 |

帮助你的内在小孩（珍藏版）

红舞鞋的秘密
如何摆脱童年性创伤的持续影响

抑郁症
让你的孩子摆脱抑郁
可爱的情绪问题，摆脱抑郁

我的羞耻 Shame

你做错了，亲！

走出童年情感忽视
如何与缺席、忽视和冷漠的家庭关系

高效学习 & 逻辑思维

学会如何学习

[美] 芭芭拉·奥克利、特伦斯·塞诺斯基、 阿利斯泰尔·麦康维 著
汪幼枫 译

青少年学习第一本书

《学习之道》作者芭芭拉·奥克利再创力作，帮助孩子从大脑科学的角度掌握学习方法和技巧，养成良好学习习惯，让孩子爱上学习，跟随他们的兴趣去探索未知的世界。

我将如何学习
（原书第12版）

[美] 布鲁斯·W.塔克曼、 丹尼斯·A.埃文斯 著
宋伟奇 译

畅销全美半个多世纪的自我提升经典丛书，已更新至12版，教你如何正确前行与反思，避开"21条错误路障"，实现漫长、真实、持续的精神锻炼与经验之作。

如何实现高效目标

[美] 海蒂·格兰特·霍尔沃森 著
王正林 译

提出各种理论素养基础，建立完善方法，提供几十个国内外真实商业案例，帮助大家教你有效实现自己和他人的目标。

训练你的脑力中最好
提高专注力的45个锻炼
技巧

[日] 铃木进介 著
杜巍巍 译

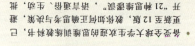

如果你正感到专注力不足，学习工作中遗憾不已，就算对其他事情都必须集中心力的你，请记住我们是"细胞衰老"、45个秘诀，一本书帮你解决，从此摆脱你没有耐力。

经典图书

洞入力
让大脑成功升级的
100个洞察

精确最多
让大脑痛苦升级的
75个精确应用技巧

目标的力量
[原书第11版]

我将如何学习
[原书第11版]

教练的艺术

沉浸手稿
把想法变成图像与计划

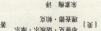

打开心世界·遇见新自己
HZBOOKS   PSYCHOLOGY

华章心理

原生家庭是否决定人的一生

壹心理 编著

机械工业出版社
China Machine Press

图书在版编目（CIP）数据

原生家庭是否决定人的一生 / 壹心理编著 . -- 北京：机械工业出版社，2022.1
ISBN 978-7-111-35512-0

Ⅰ. ①原… Ⅱ. ①壹… Ⅲ. ①家庭 - 社会心理学 Ⅳ. ① C913.11

中国版本图书馆 CIP 数据核字（2022）第 009747 号

壹心理是国内专业的心理学服务平台，本书精选壹心理"人生答疑馆"社区中关于"原生家庭"大家普遍关心的重要问题，由专业的心理学答主为读者正面解读种种疑惑，为迷茫的你打开一扇门，帮你了解原生家庭对于个人的影响，即使没有幸福的童年，也可以获得心灵的治愈和升华，找回内心的平静与幸福。

原生家庭是否决定人的一生

出版发行：	机械工业出版社（北京市西城区百万庄大街 22 号 邮政编码：100037）
责任编辑：	李欣玮
责任校对：	殷 虹
印　　刷：	三河市宏图印务有限公司
版　　次：	2022 年 1 月第 1 版第 1 次印刷
开　　本：	130mm×185mm　1/32
印　　张：	3.25
书　　号：	ISBN 978-7-111-35512-0
定　　价：	39.00 元

客服电话：（010）88361066　88379833　68326294　　投稿热线：（010）88379007
华章网站：www.hzbook.com　　　　　　　　　　　　　读者信箱：hzjg@hzbook.com

版权所有·侵权必究
封底无防伪标均为盗版　　本书法律顾问：北京大成律师事务所　韩光 / 邹晓东

序言 写给最亲爱的你

承蒙壹心理平台的抬爱,斗胆在此写下一些感言。如果把家庭比喻为人成长的土壤,那构成土壤的元素,首先是人,其次是家庭成员的价值观、人生观、世界观、文化背景等元素所组成的家庭结构。一对男女没有结婚前,各自的家庭结构相对稳定,一旦进入婚姻,整个家庭结构就会变化,成员有所改变,夫妻双方各自在原有家庭中获得的价值观、人生观、世界观等底层逻辑模型包含的元素相互交织在一起,由此,整合双方文化背景的任务开启了。

我入驻答疑馆好几年了,人们在这里提出各种困惑、问题,众多答主针对问题从不同角度给出非常精彩的解读,这些解读是众多答主智慧的汇集。不难发现,无论是题主还是答主,都有不同的家庭文化背景,针对同一个问题,答主所给出的答案也与其文化背景紧密相关。答主能启发题主从多个角度去看待问题，让题主的思想边界得到扩展，这是我推荐此书的原因。

一个人的经历从胚胎期开始，还没出生时就已经开始受各种外界因素的变化的影响，直到出生，摆脱和母亲共生的状态。由婴儿到童年，由童年到青年期，然后到成年期，每一个阶段都有各种不同的经历，也获得了不同的心理体验，这些体验演变为思想感受，深深埋藏在内心深处，组成了我们的价值观、人生观以及世界观，每个人都受自己的底层逻辑模型影响。

从众多关于家庭类问题的提问中，我们发现这些问题有非常共性的地方，无论提出的问题是什么，其背后隐藏着的都是自我价值感需求的体现和表达，只是人们用的方式不一样。人们表达自己的需求，希望在家庭中有一席之地，让内心世界相对安稳，不那么动荡不安。

最后，祝读者从此书中获得打开思想禁锢之锁的钥匙，开启自己的思想旅程。

壹心理咨询师

高 恒

写在前面

如果给你机会,让你的生命重启,重新成长一次,会怎样呢?

小时候,我们踮脚眺望长大后的自己;长大后,我们频频回望那段年少时光,而心中那个令我们疑惑已久的答案,总是在我们回顾过去、参照别人的经历时出现……

阿德勒说:"在人生这条路上,有人走在前方,就有人落后,有人走得快,就有人走得慢。但这并不代表我们必须通过竞争达到目的。或快或慢,该往哪儿去,都是个人选择,不该由输赢去印证自己的向上。我们真正该拥有的是'往前'的力量。"

人生答疑馆线上社区精选了人生中真实且重要的几十个问题及其回答,希望能一直陪伴着你,可以随时随地为不同时期和经历中的你提供一些参考建议和指引方向。

人生无非是,苦来了,我安顿好了。

人生答疑馆把人生之苦划分为不同的主题,包括负面情绪、青春成长、职场进阶、原生家庭,再匹配对应的提问,安排优质解答。

在问答中,你不仅能体验专业心理咨询,还能加入相关话题圈子,与有相同经历的人进行实时的交流讨论,产生更深层的思想碰撞。

或许看完本书的你,能获得关于这个复杂人生的新认知和新感触。

目录

序言 写给最亲爱的你
写在前面

第1章 饱受争议的原生家庭

01 人真的会复制父母对孩子的教养方式吗 _002
02 世界上所有父母都最爱自己的孩子吗 _010
03 原生家庭是否已经被滥用了?如何看待它的意义 _014
04 离婚和貌合神离,哪个对孩子的伤害更大 _018
05 原生家庭能不能决定人的一生 _022

第 2 章　如何才能做到亲密而独立

06 和老公价值观不一致该如何处理 _028
07 暖男老公和异性界限模糊,是不是他有问题 _033
08 老公说我像小孩子,得不到他的尊重怎么办 _037
09 婚姻里亲密和孤独的边界在哪里 _041
10 家暴中施暴者和被家暴者有着怎样的心理特征 _045

第 3 章　为人父母,我们都是第一次

11 父母的语言暴力会让一个人丧失信心吗 _050
12 从心理学的角度看,我们真的需要挫折教育吗 _054
13 辅导孩子写作业容易发脾气,是不是家长的通病 _058
14 生了二胎后,老大经常打老二怎么办 _063
15 和叛逆期女儿讲道理讲不通,如何沟通 _066

第4章 婆媳问题,千古难题

16 老婆对我父母不尊重该怎么办 _072
17 老公与父母发生冲突,父母要求我离婚 _076
18 和婆婆关系不好又必须住一起,怎么解决 _081

第5章 互动进阶时间

· 原生家庭影响评估 _086
· 女性进化研究院分馆 _087

附录

回答这九个问题,就能知道自己是谁 _089

第 1 章

饱受争议的原生家庭

01
/
人真的会复制父母对孩子的教养方式吗

我小时候很不喜欢父母对我的教养方式,他们除了要我学习好,对生活上其他方面完全没要求,可我长大后成了一个学习也不好,生活自理能力也极其低下的白痴。我就希望自己当妈妈后,给孩子更多的爱。

我孩子小的时候,在抚养他的过程中,我的心态还是挺好的。现在孩子上学了,我发现自己越来越像我的父母,非常关心他的成绩,他功课好我们全家都很开心,他不努力,我就着急,指责他,而且我发现自己指责他时说的话、做的动作、表现出的态度像极了我的父亲，仿佛只有学着父亲当年的语气、态度、用词，才能发泄我心里最真实的不满，虽然我没有说粗话，但我的言行比说粗话还要伤孩子的心。我就像着了魔，被牵引着模仿我的父亲！

我想回到孩子刚出生时我呵护他的那种心态，可我发现我再也回不去了！

💡 Melody 曾婷（2星优质答主）㊀

同为妈妈，我理解你的这份焦虑和急迫感。你主动问"人真的会复制父母对孩子的教养方式吗"，你意识到自己在指责孩子时"就像着了魔，被牵引着模仿我的父亲"，这个问题让你疑虑，难道在原生家庭习得的教育模式，哪怕自己不喜欢这

㊀ 答主头衔。人生答疑馆根据答主在社区的回答数/优质回答数设置相应头衔，根据头衔等级从低到高排列为：1星、2星、3星、4星、5星优质答主；1星、2星、3星、4星、5星精华答主；1星、2星、3星、4星、5星荣誉答主。答主头衔等级越高，获得的福利越多，权限越大。

种教育模式，也会无意识地模仿和复制它吗？

首先，我们可以拓宽视野，来看看国内普遍的教育方式。

孩子入学前，尤其是进入小学前，很多家长，特别是新一代的父母，会暗自告诫自己，当年父母使用的简单粗暴的教育模式，绝不可以再用到孩子身上，要给他宽松、温暖、有爱的成长环境。

可是一旦进入小学，孩子要养成科学的学习习惯，有大量作业，这时如果孩子出现一些不良行为，很多妈妈就会下意识地焦虑起来。这与我们所处的教育环境息息相关，大环境告诉我们，如果不及时纠正孩子，就是不负责任的父母。这时候，如果对孩子的思维和发展心理学没有了解，就很容易被孩子的行为牵着鼻子走。这很容易导致题主的情况：入学前对孩子要求宽松，心态很好，入学后则焦躁无比。

一旦我们意识到了这一点，就可以进入下一个思维步骤：我们如何跳出复制上一代人的教育模式的怪圈，重启和孩子的沟通？

"指责"的方式或许可以产生立竿见影的效果，因为孩子在体能、经济上都处于绝对的弱势地位，有可能会被家长的威严震慑住，选择服从，可是长远来看，孩子没有感受到家长对自己的尊重和理解，很多负面情绪没有得到有效释放，这对孩子是非常不好的。为人父母不用持证上岗,但不意味着不需要学习和进步。

你说感觉自己再也回不去过去的心理状态,可能一时如此,但一定不是永远都如此。有很多家长,在遇到和你类似的问题后,经过及时观察、求助和自我成长,都改善了和孩子的交流状况。

你能主动求助,说明你是非常爱孩子的,这是一切的根源。接下来,当你更好地了解自己的思维模式,懂得自己为何着急,到底因什么恐慌,再了解孩子的不良行为并不难改正,只是需要科学的方法,一定可以有效改善你和孩子的沟通。

在此提供一些建议,供你参考。

① 呵护孩子学习的热情。"他不努力,我就很急,指责他。"所有的孩子对学习都有着天然的兴趣,看见自然界的一草一木会好奇,会去触摸、感知外界。那为什么很多孩子上学后,反而对学习毫无兴趣,只是程序化地完成任务呢?因为外界环境浇灭了他学习的热情。比良好的学习习惯和努力更重要的,也更需要家长呵护的,是孩子学习的热情。

有了学习的内驱力,他的习惯、能力都是可以慢慢培养的。我们应该搞清楚孩子看起来不努力的原因是什么。是他对某个学科缺乏兴趣,还是题目量大,还是不喜欢这门科目的老师?行为背后的原因就像海面下的冰山,妈妈是最了解孩子性格特点的人,也是最有耐心去观察和守望孩子的那个人。所以,你可以仔细地、不带评判地去了解一下,到底是哪个环节出了问题。"不努力"是一个负面标签,是一顶帽子,可以先把它摘下来。不要急于判断,先去了解,再去引导。

2. 多给孩子一些独立思考的机会。在孩子遇到挫折时,可以多用一些开放式的问题引导他,问问他是如何想的,有什么解决的方案。尊重孩子的思考力,培养孩子的思考力,这是家长能送给孩子最好的成长礼物。这里推荐一本书,爱德华·德·博诺博士的《教你的孩子如何思考》。

3. 积极养育。再推荐一本书,美国作家尼尔森的《正面管教》。"正面管教"一词的英文是 positive discipline,或许把它翻译成"积极养育"更合适。传统理念里,我们往往对孩子要进行"管"和"教",但如今孩子能够接触到的信息非常多,他们的心智普遍成熟较早,如果家长不能调整教养方式,就会很容易导致孩子的反抗。

随着经济的发展,现代孩子的诉求不再只有吃饱穿暖,而是有了更多的发展性需求——对尊重、自我价值感的需求。我们可以更多地对孩子进行引导，共同思考解决方法。当然，《正面管教》这本书也有局限性，它提到的对孩子"不娇纵、不惩罚"，在国内容易被质疑。我们不提倡体罚，但适度的惩罚是可以的，比如提前说好，如果完不成某任务，就取消某奖励。要注意惩罚的度。这本书主张父母应先了解自己的思维方式，看看哪些潜意识会影响自己的教养方式。

4　和孩子平视，用尊重的眼光去欣赏他，多看孩子的优点，而不是只盯着孩子的"毛病"，成为一个"自动纠错员"。我们的大脑，尤其是妈妈的大脑，往往会被一些负面现象所吸引，而不能更多关注孩子的闪光点。孩子是很敏感的，他会立马捕捉到家长的情绪，是积极的、乐观的，还是焦躁的、对他不满的。即使我们的语言是正向的，肢体动作和表情也会瞬间泄露我们内心真实的想法。我们往往会无形地被"我是不是一个好妈妈"的标签绑架，一旦做不到"好妈妈"就开始自我责备，陷入负面循环。

放下一定要成为"好妈妈"的压力，把自己看作"一个成长型妈妈"，接纳这个有时会发脾气、会有负面情绪的自己，相信自己会进步，陪伴孩子成长，只是需要一些科学的方法。转变自己的思维模式，相信你会豁然开朗。

妈妈的兴趣爱好、能力提升，是一个综合命题。你可以多关注自己的成长，多加入正向的学习小组，建立一个积极的圈子。一个对生活充满热情、愿意进步、开朗的妈妈，自然会给孩子带来积极的影响。

归根结底，孩子不是被我们的说教所教育的，而是从我们的一言一行里来学习如何面对生活、面对挫折的。有你这么愿意自我觉察的妈妈，相信孩子一定会越来越好的。人生本就是不断学习、成长的过程，孩子的到来给了我们更多内观自我的机会，重塑自己往往是从我们觉察自己的思维方式开始的。

💡 Sai（3星优质答主）

一个人的行为表现，如果我们仔细寻找，一定会在他的家庭里找到原因。没有完美的家庭，没有完美的父母，也没有完美的小孩，每个人的家庭都有问题。

以上是我的个人想法，我想说的是，希望你不要过度陷入原生家庭这个旋涡里。在孩子没出生时，父母只希望孩子能够健康诞生，后来，随着孩子长大，除了健康，父母希望孩子能够拥有更多：不错的成绩，有才艺，听话懂事，聪明伶俐。大人的期待，一方面能引导孩子丰富多彩地成长，另一方面，也在给孩子施加压力。你已经长大了，有能力觉察和纠正自己的不足，过去的已经过去，要活在当下。

　　你能做的改变有哪些？当你对孩子发脾气时，你内心深处的感受到底是什么？是羞耻感吗？或许你觉得自己把孩子教育成什么样，自己就是什么样的人，如果教育孩子失败了，我的人生就也是失败的。这种感觉让你没办法保持冷静，有时甚至强迫和控制孩子。

　　是焦虑吗？看看别人家的孩子，再看看自己的孩子，如果不逼他，他以后比不上别人，会吃亏，以后没办法和别人竞争，没办法生存。现在很多的家长都被这种比较焦虑牢牢控制住了。又或者是你的内心存在无力感？觉得自己已经尽一切可能满足孩子了，他为什么还是达不到自己的期待？

　　我们要对自己的情绪负责，学会成熟地处理自己的情绪，及时察觉自己的情绪，提高自己对情绪的把控能力，慢慢地，也许你会发现自己已经学会和孩子心平气和地交流了。也许我们教养孩子的方式会受到父母的影响，但这绝不是不可改变的。

02 / 世界上所有父母都最爱自己的孩子吗

看了很多文章,很多人都说,世界上没有父母不爱孩子,但是他们真的爱孩子胜过爱自己吗?在危险面前真的还会保护孩子吗?我看到有新闻说地震时母亲为保护孩子牺牲了自己,这确实很伟大,也说明确实有这样的父母存在,但在我的记忆中,我的母亲并不是这样的。

我还记得在我小的时候,她跟情人吵架然后把我丢在外面不让我回家;去游乐场玩的时候,她会让我坐在激流勇进的最前排,因为她害怕;有一次她发高烧,我们半夜去医院,遇到醉鬼向她冲过来,她想也不想下意识地把我推到身前……

所以我想问,她是不是爱自己胜过爱自己的孩子?现在我成年了,离开家了,她却对我表现出很关心、很担忧、很依赖的样子。我知道这可能不是假的,但是无法理解她。毕竟她做的那些事就像一根刺扎在我心里,难以忘记。我应该怎么做呢?

Berry（2星优质答主）

爱是一个永恒的话题,很难判断是否所有父母都对子女有爱。不可否认的是,母亲首先是一个爱自己的人,其次才是母亲。她爱自己,所以会将自己的感受放在首位。没有人是绝对无私的,也没有人天生就有满满的安全感。

母亲有情人,她那时的安全感来自爱情,也许对年幼的你付出、培养的感情是她力所不能及的。后来你长大了,她的安全感来自你的成熟稳重,来自你们的亲子关系,你可以感受到母亲对你的依赖,可以察觉到她关心你,但是无法对此做出同等的回应，因为你已不再是只能在母亲处获得温暖关爱的你。

爱并不是生活中最重要的事，安全感也不是仅靠维系关系就能得到。你已经成年并且离开家，有许多事或许你只是迷惑，并非不知道答案。你可以跟母亲来一次深度的、有效的沟通，相信你的思路会慢慢变得清晰。

💡 芬芳（1星优质答主）

首先，我觉得世界上大部分的父母都是爱孩子的，这种爱除了血缘的联系，更多的来自养育过程中的互动，而父母的人格特点很大程度上决定了这份亲密关系的质量。现实中既有为孩子牺牲的伟大母亲，也会发生许多诸如"抛弃""虐待"孩子的人间悲剧。

其次，从你描述的你母亲在你小时候对待你的方式，我推测你母亲非常缺乏安全感，她无法处理好自己内心的"恐惧"，所以你感觉她为了保全自己，可以把你推在前面，这无疑给你带来了巨大的创伤，对于母亲是否真的爱你，你也一直耿耿于怀。我想一个脆弱、无力的母亲是很难有力量给自己孩子很多爱的，也许这也造成了你对世界的不信任以及你的不安全感。

我想你内心是很渴望爱的，也想修复你与母亲之间的感情裂痕。当年母亲如此对你是因为她有一个不安的"内在小孩"，放下执念，试着给自己一个机会，接纳母亲，接纳自己，我相信：处理好和母亲的关系，学会爱与被爱，你会更加幸福，这也是你今后发展个人亲密关系的重要功课，祝福题主。

💡 耶脆（1星精华答主）

看到这个问题，不由感到沉重。理性告诉我，"世界上没有父母不爱孩子"这句话是假的。世界上有混蛋父母吗？这个问题本身容易挨骂。但是请看下面这个推理过程：世界上有混蛋吗？无疑是有的。混蛋会不会有孩子？可能会有。混蛋有了孩子就不混蛋了吗？恐怕谁也不能保证。那么结论就出来了。

你问的问题和上述问题差不多，结论也很残酷。有这样的早年经历，你是不幸的，但是我们依然可以努力，自己疗愈自己，如果母亲给不了你爱，就自己爱自己。

03

原生家庭是否已经被滥用了？如何看待它的意义

很多热门公众号都在批评原生家庭被滥用了,"原生家庭决定论 / 影响论""原生家庭的重要性"已经变成大众争论的焦点。如何看待原生家庭才是更好的？如何看待它对个人成长的意义？

💡 **FlyFlyFlowers**（热心小可爱）

不得不承认，原生家庭对一个人的性格塑造无比重要，就像我们吃习惯了的家乡味道，似乎已经被写进了我们的基因，不管到什么地方,总是难以割舍那熟悉的味道。

当我们提到原生家庭时,绝大多数内容都在讨论原生家庭所带来的不好,很多人要么把自己人生的失意全部归结于糟糕的原生家庭,要么就把自己性格中不好的一面归结于原生家庭。我国很多孩子都有着不幸的童年,可以说,在我们国家,原生家庭给孩子带来的伤害要远远大于欧美国家。难道这是因为个别人的个别错误?还是父母确实存在很大的性格缺陷?

我不太喜欢把错误归因于外界,但是每每提到原生家庭,很多人都会痛哭流涕,这无可辩驳。我的原生家庭也带给我很多困扰,比如贫穷,比如各种人生限制,但是我想,人生此时此刻的不如意,最终要问责的还是自己。我们的性格缺陷是因为我们的原生家庭,父母的性格缺陷是因为他们的原生家庭,究其根本,这是我们传统文化中糟粕的部分所致,尤其是偏远地区和农村,虽然我也是农村来的,但是我愿意承认这一点。

原生家庭的局限,究其根本是整个社会的局限,我们不应该责怪我们的父母。今天出现这么多责怪父母、责怪家庭的个体,无疑是众多媒体引领所致。媒体是无良的吗?未必,因为媒体人可能只是夸大了一些极端的个例,引发了无数人心中的委屈。委屈谁没有呢？但所有问题都要怪别人吗？

我认为更好的解决办法是从自我做起。如果父母不会表达爱，就慢慢教他们。我们现在所接受的教育、享受的资源，远胜过父母，对他们多一些包容吧。

夏风（2星优质答主）

不幸的经历本身并不一定是坏事，伤害我们的，是我们对这些经历的看法。只有我们对不幸的事情怀抱消极的看法，这些事才会伤害到我们。如果我们能把不幸的经历当作学习和成长的机会，反而可能会从中获益。面对不幸经历时，人的修复力比我们想象中强大得多。

《积极心理学之父塞利格曼幸福五部曲》的核心观点之一就是：乐观是可以通过刻意练习获得的，一个人给自己越多正面暗示，就越容易变成乐观的人。同样，自我修复力也可以通过对自己大脑的不断训练获得。要改变别人很难，改变自己以及自己对世界的看法，才更容易获得成功和幸福。

即使父母辜负了你，你也可以选择不辜负自己的孩子。比如，一个酗酒、赌博成瘾、不负责任的父亲，他的儿子成年后,可能会逐渐理解自己以往的经历,选择做一个更好的父亲,好好爱自己的孩子。我身边有太多这样的例子:拥有强势母亲的女儿,选择成为温柔、包容的妈妈;父亲经常冷暴力,儿子却成了体贴的暖男老公。美剧《犯罪心理》的主角亚伦·霍奇纳说过,在暴力家庭长大的孩子,一些成了杀人犯,一些却变成了保护者(警察)。

原生家庭给我们的伤害,从某种意义上说,可以变成一种馈赠。因为伤害让我们更能理解某些人格缺陷会给孩子带来什么影响,从而有意识地避免用同样的方式伤害下一代。不管你的童年有多糟,如果你已经成年,就请告诉自己"我不需要再做受害者"。要做到这些,需要漫长的自我训练,非一日之功。我们身上都带着原生家庭的影子,不懂爱的父母,都是曾经没有得到爱的小孩。

成年最重要的意义,在于从精神上脱离对原生家庭的依赖,成为独立的人。原谅父母,等于放过了过去的自己,总有一天我们要和自己的过去握手言和。爱是本能,但不恨是一种选择。人生就是背着包袱摸着石头过河,扔掉对"原生家庭"的埋怨这个包袱,轻松前行吧。

04

离婚和貌合神离，哪个对孩子的伤害更大

我的孩子现在一年级，女生，敏感。问过她一两次更喜欢爸爸还是妈妈，喜欢和妈妈生活还是和爸爸生活，都回答爸爸和妈妈。但我和他爸爸结婚九年，身心俱疲。从心理学的角度看，怎样可以把对孩子的伤害最小化呢？

💡 林颖（国家二级心理咨询师，2星优质答主）

让一个孩子回答喜欢爸爸还是妈妈是一件挺残酷的事，在孩子的心中，父母是一体的，都应该是爱自己的，多次被如此提问，可能会让孩子分裂：我究竟该站在哪边呢？爸爸妈妈我都爱，我该怎么回答呢？告诉妈妈我喜欢爸爸，会不会得罪妈妈？告诉妈妈喜欢妈妈，会不会对不起爸爸呢？这个问题对一个孩子来说太难了，会让他面对忠诚的考验。

对孩子来说，重要的不是家庭是否完整，而是父亲、母亲各自的"功能"是否正常，包括共同爱孩子的能力，维护双方在孩子心中的权威以及爸爸妈妈对彼此的态度，这非常重要。

只保持着婚姻的形式，貌合神离，孩子是可以感受到父母的不和睦的，甚至会认为（潜意识里认为）是自己拖累了父母，耽误了父母，孩子会非常小心翼翼，替父母考虑。而如果双方离婚了，但双方依然在养育孩子的问题上保持一致，让孩子感受到父亲母亲像往常一样爱自己，只是因为父母自己的原因不能在一起继续生活，孩子也许在年纪小的时候会感到受伤，但是他会感受到自己不缺爱，会看到父母依然为自己负责，这能使他拥有健康、积极的生活态度。

所以，离婚对孩子的影响如何，取决于你们如何看待离婚这件事。如果你们把它当作自己的事，那孩子就不会受太大影响，因为你们的态度会让他明白，这和他无关，不是他造成的。看得出你很在意孩子的心理健康，想做一个好母亲，希望给孩子一个更好的成长环境，然而没有满分的父母，要坚定自己的态度，孩子有自己的人生，有修复创伤的能力。

可以的话，不妨和孩子爸爸做一下咨询或者家庭治疗，毕竟在如何爱孩子，今后如何对待孩子的问题上，你们一定都是希望孩子越来越好的。

💡 李肖飞（国家二级心理咨询师，3星优质答主）

在生活中和咨询中，我经常会被问到底是离婚好，还是为了孩子将就着过好，是现在立马离婚好，还是等孩子上了高中再离婚好，好像孩子的感受永远比婚姻关系重要，比自己在婚姻中的感受重要。殊不知，只有婚姻关系好，孩子才有可能有一个温馨、稳定的成长环境，才有可能健康成长。

在家庭中，夫妻关系永远是家庭的基石。夫妻关系好的家庭，孩子一般都不会有太大问题。不要本末倒置，整个家庭围着孩子转，很容易出现问题。因为孩子而勉强维系婚姻，对孩子不是什么好事儿，而是压力。很多冷漠的夫妻在孩子面前尽量保持微笑、冷静、恩爱，实际上这是虚假的美好家庭，孩子能感觉到你们的关系是真的好，还是在假装好。

无论怎样，都不要欺骗孩子，夫妻间出现问题就解决问题，不要逃避，不要假装很好，这都不是解决问题的办法。如果你非要问是离婚对孩子伤害小，还是冷漠相处对孩子伤害小，我的回答是：离婚或者不离婚对孩子都有伤害。

夫妻关系和谐是对孩子最无害的，而且有利于孩子成长。所以说，如果你真的为孩子好，那么，改善你和老公的关系是最重要的。你可以先评估一下，你的婚姻真的没救了吗？进行婚姻修复，做亲密关系咨询可能才是重点。

05 / 原生家庭能不能决定人的一生

BBC 的纪录片《人生七年》从 1964 年开始跟拍 14 个来自不同阶层的孩子,从他们 7 岁拍到 56 岁。从小看《金融时报》的、来自富裕家庭的孩子,长大后依然会走上精英之路,垄断社会上的优质资源;贫穷家庭出身的孩子依然重蹈父辈的命运,为活下去竭尽全力,只有考上牛津并且顺利毕业的那个孩子打破了阶层壁垒。

从这 14 个不同阶层的孩子的成长故事来看,原生家庭的作用体现在哪里?在各位老师看来,原生家庭能不能决定人的一生?比起原生家庭,对一个人的成长更重要的是什么?

💡 鳗鱼丝（2星优质答主）

提前说结论，比起原生家庭，对一个人的成长更重要的是积极的心态和想要改变的力量，向好而生。

不可否认，原生家庭对一个人的成长道路来说是非常重要的，我们往往会发现，一些变态杀人狂都有一个非常悲惨的童年，被家长虐待，或是经常流离失所。从小被家长溺爱的孩子往往会比较"妈宝"，没有主见。小时候经常被打骂的孩子长大后往往会延续家长的习惯，打骂自己的孩子。我们要明白，这种延续多半都是无意识的，他只是因为自己这样被对待，所以下意识地继续这个习惯，没有自己的思考，也不曾想去改变，甚至觉得不需要改变，这才导致了悲剧的重演。

为什么有些人出身贫穷却能有成功的人生呢？比如首富李嘉诚，比如"悔创阿里"的马云，如果原生家庭是决定人命运的唯一因素，他们又是怎么摆脱命运的桎梏的呢？

我们不能因为原生家庭有缺陷就裹足不前，不能心想反正我有这样的父母、这样的家庭，我肯定好不到哪里去，性格也已经注定了，我干脆放弃努力，破罐子破摔，这样的话，结果只能是维持现状甚至更糟。我们可以换一种想法,我知道自己原生家庭的不足,知道它给我带来了这些阻碍,可能我不能获得像其他人一样的完美人生,但是我想要变得比现在更好,我心中有一个目标,想要成为怎样的人,所以我要想一些办法,学一些知识,向成功的人学习,来摆脱原生家庭对我的影响。你觉得拥有这两种想法的人,人生会一样吗?显然后者更能助你实现自己的人生理想。

在一样的境遇里,人也会有不同的心态,而你如何看待自己的境遇直接关系到你能否幸福。同样有半杯水,有人唉声叹气,想着怎么只有半杯水,有人心存感激,想着还好有半杯水,不至于渴死。

TED有个关于压力对人的影响的演讲,感兴趣的小伙伴可以去搜一搜,讲的是科学家进行了一个试验,测量人的压力是否有害身体健康,结果发现,压力并不是绝对有害的,只有深信压力有害的人才会受到压力的不良影响,那些视压力为动力,不相信压力有害的人完全没有受到伤害。这就是信念的力量。人是有能力改变环境的,只要心不被枷锁束缚,就永远有改变的机会,任何情况下都不要放弃自己啊。

💡 张仁军（1星精华答主）

这个话题很多人都关注过——原生家庭到底会不会影响人的一生？

从我这三十几年的生活经历来看，原生家庭的确会给一个人的生活带来很大的影响，比如年轻时候的人际交往、工作甚至爱情，都会受到很大的影响。如果没有经历感情上的挫折、亲人离世的打击，或许我会和很多人一样，在工厂的车间里过完自己的一生，也不会有机会在这里和那么多老师、朋友相遇、相识，我感觉现在的我才是真正独立、成熟的我，以前的自己是一个渴望被理解、被接纳、被爱的孩子。

原生家庭给个人生活的某些方面带来的影响比较深，比如我的父母都很勤劳，他们不打牌，因此我们兄妹三人也不打牌，也都非常勤劳。我的母亲任劳任怨，我们兄妹同样也继承了这一点。我的父亲脾气暴躁，爱喝酒，以前我和哥哥都脾气暴躁，不过现在我改掉了，哥哥依然暴躁。至于喝酒，以前我也爱喝酒，不过在喝醉无数次之后，我改掉了喝酒的习惯。我哥哥也不喝酒，姐姐以前喝点儿，现在也不喝了，所以喝酒这个"技能"在父亲这里基本上就"失传"了。

人们会在一段时间内受到原生家庭经历的影响，随着每个人经历不同的事情，人们对待自己和自己身边的人、事的方式也在慢慢改变，让自己的身心慢慢达到相对协调的状态，让自己轻松自在地生活，原生家庭的影响自然会越来越小，但某些方面的影响或许就会伴随自己的一生。

相对于原生家庭来说，个人的生活经历和对自我的认识了解更为重要，能够清楚地认识、了解自己的位置，确定自己的生活目标，知道自己该怎么朝着自己的目标努力，这一切都能帮助我们获得轻松、自然、舒服的生活。

第 2 章

如何才能做到亲密而独立

06 / 和老公价值观不一致该如何处理

结婚四年,孩子两岁,越来越觉得和他的价值观有差异。

先生算是好老公,下班回来会积极看孩子、做家务。我从怀孕起就做全职家庭主妇,没孩子前我们俩各自花自己的钱,有孩子后,我没了收入,主要经济来源就是他的工资。由此,我发现我们的观念差别很大。

我们没有共同爱好,没有共同语言,对生活品质要求不同。我认为家里应该买扫地机和洗碗机,减少

> 大家的重复劳动，省下的时间可以多陪家人，而且我的腰椎不太好，虽然他下班也做家务，但他经常出差，我经常在家，肯定干得多一点，累着了就会腰疼。他认为这是浪费钱，觉得一下子就能干完的活，没必要。
>
> 我认为孩子要从小培养阅读习惯，就买了很多书和绘本，也坚持每天给孩子读，他却觉得我买得太多，有的书孩子根本不看。事实上孩子的阅读类型会一直变，上周不看的书，也许这周就要天天读。类似的问题有很多，我觉得我们应该培养共同爱好，他却不响应。刚开始我努力去经营婚姻，可现在我也麻木了，觉得无法叫醒一个装睡的人。

李欢（国家二级心理咨询师，2星优质答主）

和老公价值观不一致，确实挺让人头疼，就像你想往东，他却想往西，感觉像两个人的拔河比赛。

培养共同爱好是件很好的事情，对增进感情和培养孩子都有益，不过同时我也在想，你说的培养共同爱好指什么呢？从你的描述中可以看出，你很想要老公跟你保持一致，其实大多数人都有这样的期待，只是，他除了是你的老公外，也是他自己，他有自己的想法和观点。你可以坚持你的观点，他也有权利坚持他的观点。

更重要的是，这种想要老公跟自己保持一致的想法从何而来？不知道你是否有这样的感受："你是我老公，我希望你跟我是一体的，希望你是站在我这边支持我的。"如果是这样，那何不尝试把你内心真正的想法说出来，而不是单一地谈论你们的行为。

💡 Psyc2Know（2星优质答主）

婚姻是两个人的事，另一半不支持自己的想法，确实会让人非常沮丧。

你们结婚四年，孩子两岁，老公努力工作，让一家人过上衣食无忧的生活，即便老公经常出差，老婆一样可以一个人把育儿和家务打理得井井有条。我这个外人对你们的生活真是羡慕得不行不行的,你真的舍得放弃吗?虽然你觉得这段婚姻里有不少不如意的地方,但我发现你对这些问题的描述比较客观。尽管对老公的一些做法有看法,但你也认同他对这个家庭的付出。你应该是一位知书达理的现代女性,平时也一定接触了不少新知,我想,我们可以交换一下看法。

先来聊聊扫地机吧。在扫地机这个问题上,你的看法是:减少大家的重复劳动,省下的时间可以多陪家人。你的目标是:提升生活的品质。他的看法是:浪费钱,觉得一下子就能干完的活,没必要。他的目标是:保证财务状况稳定。如果你把焦点都集中在要不要花钱上,你就会觉得你们在说同一件事,但其实分析一下就会发现,你们说的不是同一件事。

生活在一起时,我们很容易会忽略丈夫和妻子生活在截然不同的环境里,被截然不同的信息所包围着这一事实,这些信息会使丈夫和妻子发展出截然不同的认知。所以,产生分歧是可以理解的,对吗?当分歧出现,我们大可不必过于紧张,放松心态,具体问题具体分析,只对事不对人,一般不会影响你们的关系。承认人与人的差异,特别是在亲密关系中,是一个人心理灵活性的巨大成长。

比如,当我和丈夫在买扫地机的事情上意见不一致时,如果我的心理灵活性弱,我就会认为,完了,我的想法无法实现了，而且都怪他！而如果我的心理灵活性强，我可能会有更多的选择，比如，我可以暂时放下自己的执着，试着去了解丈夫内心真实的想法。也许他并不是不爱你，不疼你，也许他只是对家庭的财务状况不放心，希望给你和宝宝更安稳的生活。一个传统的男性，只会说"浪费钱"，很难说出自己的想法。如果你们之间能坦诚、深入地交流，你可能会发现，大多数时候，他的初衷都是好的。

如果我们把自己当作一个"受害者"，我们往往就只会坐在原地生闷气，这对夫妻关系，对整个家庭，对宝宝，对自己都是有害的！倾听对方的真实想法是打造幸福关系的不二法门，是使家庭幸福美满的定海神针。对他人的关注和了解，是获得内心成长最关键的步骤之一，很多婚姻都死在这个关卡上。写了这么多，我是想你们一家三口可以收获真实的幸福，在为生活努力付出的时候，适时关注一下内心成长，这是非常必要的。

最后补充一句，如果你得到了那台扫地机，不管你认为这是不是你自己努力得到的，都请对那个男人表示一下感谢。如果你不知道怎样表达感谢，怎样改变和他的沟通方式，推荐你阅读马歇尔·卢森堡博士的《非暴力沟通》，我读过后收获特别多，对我的家庭生活也非常有帮助。最美的生活，从来不是天上掉下来的，最美的生活，都是自己创造的。

07

暖男老公和异性界限模糊，是不是他有问题

本人女，25岁。之前偶然发现老公和其他女生比较暧昧的微信聊天记录。发现的时候我非常非常难过，老公只说他们是刚认识的，对方喜欢他，但他没有做任何出格的举动。我当时觉得很恶心，难道不应该直接明确而坚定地拒绝对方吗？后来这件事不了了之了。

最近又发现他和另外一个女生的聊天记录，同样很暧昧。发现的时候那种恶心的感觉一下子又来了，当然，他依旧说没有什么，说只是开玩笑而已。被他清空的聊天记录一直引发我的遐想，让我很难受。

> 他是一个非常温暖的人,但是他的边界太模糊,让我一直觉得他对我的爱不够纯粹。到底是哪里出了问题,请各位赐教。

飞飞(5星优质答主)

这让我想起了前段时间网络上非常流行的一句话:有一种冷,叫我妈觉得我很冷。同理,当一个人表现出很温暖、很照顾别人的样子时,是不是代表他很需要温暖、很需要别人照顾呢?回到题主的问题上,老公是个"暖男",是否意味着他需要一个"暖女"去"暖"他呢?是不是他做出的所有温暖别人的样子,其实都是他需要别人温暖他的样子呢?

从你的描述中能看出来,你是一个很理智、很克制、很有分寸的好妻子。你在平台上提问,而不是直接找老公哭闹、撒泼,表明你是一个很会管理自己情绪的人。这样的人,往往克制、隐忍、退让、节制、理性。这样的人往往会被怎样的人吸引呢?温暖、包容、阳光、有创意、美好。因为我们没有这些特质，对我们来说，要拥有这些特质，最简单的方式不是改变自己，而是找一个具有这些特质的人，和对方在一起。这样，我们既不用去承受改变自己的过程中的那份痛苦，也会渐渐觉得我们有了这样的特质，但其实，我们还是没有，还是缺。

改变自己是痛苦的，但唯有这样，我们才能获得我们长久以来期待的亲密关系。又或许，当我们改变之后，我们会惊奇地发现，不但暧昧的问题消失了，自己也变得不那么"硬气"，不那么"绷着"，自己竟然也可以像小女孩一样，偶尔撒撒娇，发发小脾气。那个时候的你，会不会比现在更可爱，更能温暖对方呢？

邝珊（国家二级心理咨询师，3星优质答主）

从你的描述可以看出，你和你老公在个性和观念上有明显的差异。在我们恋爱的时候，这种差异会增加彼此的吸引力。进入婚姻后，如果两个人不能处理好这种差异，它就很容易变成冲突源。

虽然还没有发现老公有出格的行为，但是和异性暧昧，这也是一个"高风险事件"。很多人以为婚外情离自己很远,其实很多人就是在不经意的聊天中慢慢陷入婚外情的深渊的,我们需要有清晰的边界。

你表达自己的担忧,老公却不以为然,这让你开始质疑自己在老公心目中的地位。是啊,妻子为这事很苦恼,老公却依然不愿放弃和异性聊天,老公想获得的是什么呢?建议你和老公敞开聊聊:两个人是如何界定与异性交往的范围和尺度的?和其他异性聊天与和妻子聊天的差异在哪?这些话题有些敏感,如果你觉得自己还无法和老公平和地交流,建议你和咨询师探讨完再和老公交流。这样可以确保谈话足够深入,又不至于引起太多争吵,导致老公更多地向外"探索",满足自己的需求。

08

老公说我像小孩子,得不到他的尊重怎么办

我比较单纯和幼稚,老公总说我像小孩子,无法帮助他,没有独立的人格。我的性格很好,一直都顺从和迁就他。他性格火暴,我大多数时候可以接受。每次争吵,基本都是他一直不停地抱怨和辱骂我,我没有机会反驳,也不知道如何反驳,我觉得和他在一起之后,自己的自信都没有了。

昨天,在他提出一个诉求之后,我主动提出做早饭给他,我其实也只是问一下,但是他很气愤,说我为什么这么没有自己的人生。这也就算了,我知道他是为我好,但是他自己越说越气,然后不断数落

> 我，我无力回击他，他说到气头上还摔杯子、掀桌子，然后一言不发地走了。
>
> 我知道自己存在的问题，但是也不知道如何和他相处。人都有缺点，我的缺点改正起来也很难，他每次都用这种暴力的方式，也并没有解决问题。比如我看地图找地方不是很在行，反应会慢一点，上次路比较绕，我找错了，他就生气了，掉头就走。我不知道如何改变和他的相处方式。

💡 一吨折腾（2星优质答主）

维持一段关系一直都是两个人的事，我们在看清自己的缺点时，也要敢于指出与我们相处的对象的不足。单纯幼稚与否，除他人对你的评价外，你自己的判断和分析才是更重要的。

说一下我看完你的描述的第一感觉吧，很奇怪，我在注意你问题的同时，也注意到了你的言辞。你用了尊重、性格火暴、顺从、迁就、辱骂、反驳、诉求等词，这表明你是个读过很多书的人，因为你描述问题时用的词语精确且到位。而且，你知道你们之间的问题出在哪儿，你也完全知道在这段关系中，你越来越失去自信和自我，你老公的解决方式是无效的。所以，你并不是单纯或幼稚，可能是在你老公需要的一些事情上，你无法满足他的期待，比如看导航，比如对他过分依赖等你们生活中的小事。

性格好并不等同于迁就和顺从对方，而是能够做到及时识别对方的情绪和内心需求，然后以合理的方式疏导和满足对方。也许就是因为你一次次的忍让和妥协，让你老公觉得你像一潭死水，无论怎样都没办法给他回应和支持，他只有用更强烈的刺激去打破或者触碰你的底线。

你既然发现了自己的缺点，就要尝试或者竭尽全力去改变，虽然很难，但不改变的话，你永远是一潭死水，无法流动，没有生命力，也无法给身边的人带去活力和能量。我相信你也无法忍受自己的这种状态和这种压抑感，你已经做到了前半部分，即自知、自省，那就不要放弃后半部分，即动起来，去改变。

想摆脱这种无力和挫败的状态，你只有去改变，只能去改变。

1. 增加和老公沟通的次数和质量,表达,表达,再表达

关系中,沟通非常非常重要,沉默不语只会让对方更愤怒,当你无法回击对方的连珠炮似的谩骂和羞辱时,说出自己的真实想法,哪怕是愤怒和责怪的,因为通常我们只有在释放自己的情绪后,才会冷静下来去思考和解决问题。

2. 不要放弃寻找和丰富自我

你可以从兴趣入手,摄影,插花,收纳,剪纸,电影,甚至是和朋友聊八卦,投入且长期坚持一件自己喜欢的事情,你会发现你的幸福感和满意度会提升很多。认认真真思考自己究竟能够坚持完成哪些事情,一步步去实现,在我们找寻自己的过程中,难免会碰壁和受挫,但这都是必经之路,现在不走,将来也迟早要走。别害怕,勇敢一些。让自己的内心足够强大,将自己的内心世界装点得足够精彩。

我们先暂时把目光从你身上移开,来看看你老公对于你们的关系处理方式,暴力,责怪,嫌弃,愤怒。这些情绪由何而来呢?这些你都要自己一一思考和分析。当他的苦恼无法和最亲近的你分享、倾诉,或者没有得到有效的排解和释放时,你的不作为就会成为他的生气理由。

识别自己和对方的情绪,调整自己,引导对方的情绪,慢

慢磨合出一种适合你们的相处模式,只有在一次次的尝试和改变之后,才能找到最佳的沟通和相处模式。祝你们可以早日成为彼此的灵魂伴侣。

09

婚姻里亲密和孤独的边界在哪里

我们在一起八年,结婚三年多,在过去的时间里,生活上,他把我照顾得很好,工作上,他给了我很多建议,出于人的自私,我很享受这样的照顾。

有一天,他告诉我,我不能对他有太多依赖,要学会独立,要参与家庭事务(如房贷、水电费、财务状况)。我天生不喜欢管钱,而且刚生了孩子,工作也有变动，各种事情碰到一起，我整个人都好焦虑，但是又不想辜负他对我的培养，各种情绪碰撞，最后自己都不知道为什么总是想哭。担心在他面前暴露问题，担心拖他后腿，可是往往越担心结果越糟糕，他觉得我不信任他，遇到问题，都自己解决或者找其他人解决，而不是找他帮助。

我突然不知道从何说起，有一种莫名的委屈，但结果的确是我造成的。我不知道独立和亲密的边界是什么，我不知道在婚姻生活里，我跟他应该各自扮演怎样的角色，承担怎样的义务。所幸我们两个的心是在一起的，我只是不知道如何去改变这种状态。

吴子系（5星优质答主）

看到这个问题，又想推销我所钟爱的一本书，谢尔·希尔弗斯坦的《失落的一角遇见大圆满》。以题主目前的状态，正适合看这本书。

我对婚姻里的亲密和独立的理解是：没你也能过，有你更快乐，这是亲密且独立；没你不能过，有你才快乐，这是亲密不独立；没你挺好，有你还多事，这是独立不亲密。

题主之前的状态，是亲密不独立，先生希望你独立，本意是好的，但这种成长是先生要求你的，所以对你而言，成长变成了一个任务，你还得揣测任务完成得是否令先生满意，这又生出一种压力。因为先生要求你独立，所以你怀疑他可能不爱不独立的你，所以有问题也不敢找他，在他看来，这破坏了你们之间的亲密。只要两个人是相爱的，这都是小事，多沟通，把自己的真实感受表达出来，互相帮助，不断成长，祝你们拥有双方都满意的亲密关系。

是廷不是延（1星优质答主）

万事开头难，因为要离开自己的舒适区，所以可能情绪会有些波动，对事件的应对能力也不够强。

从你的描述来看，你现在面临的困惑有三个。

1. 如何处理好跟丈夫的关系：主要体现在亲密与独立的界定上。

2. 处理焦虑情绪：有孩子后如何应对生活、工作上的变动。
3. 如何提升自己独自处理事情的能力，主要是家庭琐事。

我的建议如下。

1. 婚姻里独立与亲密的界限每对夫妻都略有不同。我看了你的描述，觉得你丈夫比较倾向于"半放手，半独立"。你在处理事情的时候可以跟你丈夫讨论一下，提出自己的看法，表明你有独立的思想，只是想征求一下他的意见，让他有参与感。婚姻里的情感表达很重要，永远不要去藏匿自己的情感，比如把焦虑全放心里。你可以用比较轻松的语气或者是撒娇的语气说出你的坏情绪，比如：我最近心情有点不好呢。
2. 解决焦虑最好的办法就是去解决那件让你焦虑的事情。你可以把让自己焦虑的事件列出来，然后再去寻找解决方法。可能解决方法不会一下子就找到，但是不要放弃，要做个打不死的小强。
3. 提升自己独立的能力还是需要多实践。遇到不懂的事，可以问问身边的朋友，或者问问丈夫以前是怎样做的，作为参考。

10 / 家暴中施暴者和被家暴者有着怎样的心理特征

家暴实在太常见了。虽然我们平时没有意识到、没有发现,但家暴其实就在我们身边。

作为心理学爱好者,我特别想知道施暴者和被家暴者有着怎么样的心理特征?是否可以及时发现,及时止损?还是说无法控制?

💡 春蕾（1星优质答主）

家庭暴力是现已成为大家非常关注的一个话题。全国妇联的统计数据显示，在中国，平均7.4秒就有一位女性遭受丈夫殴打，全国2.7亿个家庭当中，有30%已婚妇女被家暴过。每年自杀的妇女有15.7万人，其中60%的妇女是因为家庭暴力自杀的，家暴致死占妇女他杀原因的40%以上，女性正是家暴的重要受害者。我们从以下几个方面来分析家暴。

第一个方面：男性自卑感。社会对成年男性有很多要求，比如成年男性应该在经济上和精神上给家庭保障。为了给人营造一个高大的形象，很多男人表面上很强势，但骨子里往往不自信，或许还有些自卑。他们通过骂人和打人来释放自己的负能量，掩饰自己的内心，重新建立自信。家庭中的弱势人群，如妻子、孩子和年老的父母，都有可能成为他们自卑心理的"出气筒"。

比自卑心更可怕的是报复心理，自卑心更多的是自残或者可控的逆反，但报复心理往往会带来疯狂和毁灭。男性的报复心有时候会表现为狭隘，比如，没结婚前，女人在恋爱关系中较为强势和有优越感，但一旦结婚或有孩子后，男性便觉得自己前期付出太多，带着内心的不平衡对妻子百般刁难，稍有不满就会让男性挥起拳头，而且事后丝毫没有悔改之意。

第二个方面：男性自我优越感。当一个男人总是喜欢把自己的优点与别人（爱人）的缺点进行比较时，那么他就已经从心理上失去对爱人的爱，甚至存在着施暴的心理倾向。在成长过程中，当某些男性的事业被其他人认可和尊重时，他会产生发自内心的优越感。不愿意承认自己失利，会以高标准严要求自己的爱人，当觉得对方和自己不匹配或者受到负面情绪影响时，这些男性就会对爱人非常挑剔，只要达不到他的要求，他就可能会用暴力解决问题。

第三个方面：人格分裂的病态心理。以上几种心态交织在一起，其中一种或者几种达到极致，其行为正常人无法理解，或许这个男人已经是病态，需要到医院进行治疗。

第四个方面：女性的惯性思维——害怕接受挑战。每个家庭都有太多无奈，结婚时间一长，激情退去，婚姻变成了左手牵右手，只剩亲情。即使离婚再找一个男人，也无法保证婚姻不会再次走进死胡同，甚至有可能比这段婚姻更差劲。青春已逝，女性在社会上已经没有迎接挑战的资本，还不如就这样活着，尽量不惹恼对方就好。而且，在婚姻中，女性顾虑更多，更容易在婚姻中迷失自我，她们可能会因为孩子、健全的家庭、面子而维系婚姻。抱着这种想法的女性会选择隐忍，几年,十几年,默许丈夫家暴,不敢提出离婚。

第五个方面:认为对孩子来说,父母貌合神离好过离婚。孩子是母亲心头永远的痛,自己身体和精神受折磨都不算什么,只要孩子好就行。但用自己的奉献换得完整的家庭,是善良的愚蠢。孩子在压抑、充满敌意的家庭里成长所受到的伤害,远大于单亲家庭。有资料显示,在不良的家庭环境长大的孩子,在事业、婚嫁、家庭等方面出现问题的可能性非常大。

第六个方面:女性隐忍、好面子。相对于男性来说,女性在身体上、心理上的承受能力更强,婚姻不幸时,她们会选择闭口不言。尤其是丈夫有一定社会地位的女性,或者婚姻不被父母认可的女性,前者会因虚荣心而隐忍,她们不想失去优越感,为了维护这仅有的自尊心,被家暴是可以接受的;后者的父母原本就不同意,自然不敢在父母面前说婚姻的不幸。

第 3 章

为人父母，我们都是第一次

11 / 父母的语言暴力会让一个人丧失信心吗

我总觉得自己什么都不行,有时候甚至感觉自己连话都不会说。回顾了一下童年,也看了些文章,觉得根本原因可能在于父母的语言暴力,他们老是说我这不如别人,那不如别人,干啥都不行。说得我一直很没自信,我该如何解决这一心理问题?

💡 三修（1星优质答主）

父母的言行确实会给孩子带来很重要的影响。幸运的是，你已经有这方面的觉察，你比很多人都幸运，你已经知道什么样的语言对孩子来说是不适当的。知道这个，你就不太可能对你的孩子施加语言暴力。

相信自己，有足够的能力生活得更好，信心可以一点点重建。这个过程可能会有些挑战，但你也会因此成长，你的生命也会因此变得不一样，看看历史上的那些名人，大部分都经历坎坷，甚至没有完整的家庭，或许正是这样的境遇，使他们练就了非凡的毅力。

所以，你要相信自己，也不要责怪父母，虽然他们有些时候会用一些不太恰当的语言，伤害了你的自信心，但要相信他们的出发点是好的，他们肯定是爱你的，只是方法不对。他们也是这么被教育过来的，他们已经用了他们觉得最好的方式来教育你。

💡 南茜（曹淑芹）(国家二级心理咨询师，2星优质答主)

说到"暴力"，我们首先想到的可能是暴力行为，即会给人的身体造成伤害的行为。大家往往会忽略语言对一个人的伤害。在我们未形成稳定的自我认识前,如果周围的人对自己的评价多为负性的,且经常指责自己,我们往往会自我怀疑,觉得他们说的是对的,自己确实是这样的人,也会因此想要做一些事,去符合他们的期待。

这一点和我们所处的文化环境是分不开的,比如,我们的父辈奉行的教育理念是"严师出高徒""棍棒底下出孝子"等,因为在他们的成长过程中,他们接收到的就是这样的信息,自然会将这些理念传递给我们。

父母在说我们这不好那不好时,手里似乎拿着一个"缺点放大镜",在不停地纠错,生怕他们的孩子有一点不好。比如,他们说"你没有隔壁的圆圆乖",实际上他们想表达的是"我希望你更懂事一点,甚至比隔壁的圆圆还要好"。他们说"你怎么这么笨,一点小事都做不好",其实是希望你是一个很聪明的孩子,什么都可以做好!他们对孩子有这么多期待,并希望他们的孩子能达到自己的期待,他们之所以希望孩子完美,也许是因为他们自己不完美、有遗憾。

我的建议如下。

1. 如果你能花一些时间,去了解你的家族,了解父母的成长经历，你对他们的言行可能会多一点理解，也许你会慢慢知道，为什么他们对你有这些期待。没有达到他们的期待时，不要责怪自己，也要允许他们有情绪。

2. 对于自己不如别人的地方，坦然面对，承认这一事实。正视自己的期待和需求，比如我期待妈妈能好好听我说话，我需要被妈妈关注、理解。

3. 如果你总是盯着自己不行的地方，你眼里就全是你的缺点，你当然会不开心，也会受挫。不妨看看你能做好什么。期待你早日找到真正的自己，当然你也可以不要符合这个期待，抱着试试看的心态，去尝试一下吧。

12 / 从心理学的角度看，我们真的需要挫折教育吗

为什么会有挫折教育这一说呢？比如狼爸、狼妈，让这么小的孩子跟着他们徒步，在冰天雪地里跑步，孩子小手都冻得通红。还有的家长会恐吓孩子，说"不乖就送你去当兵，让你吃点苦头"等。

不是应该给孩子足够的爱跟关怀，好好教育孩子吗？这种挫折教育真的能让孩子受益匪浅吗？

💡 Katniss ZHU（1星优质答主）

认为挫折教育很有必要的人认为，如果孩子不经历点挫折，就会如同温室中长大的花朵，到野外后无法茁壮成长。更有甚者，觉得应该人为设置一些挫折，来帮助孩子提高承受挫折的能力。这些想法与做法看似有道理，但其实许多人都曲解了挫折教育的含义。

其实孩子的生活从来不缺乏挫折，成长本身就是在一个又一个挫折中跋涉的结果。挫折教育的实质，不是给孩子创造挫折，孩子战胜挫折，然后孩子就成长了，而是当孩子遇到挫折的时候，我们可以怎样给孩子全方位的家庭支持，培养孩子乐观的心态和解决问题的能力，让孩子始终相信"我可以"，知道"怎么做"。

如果孩子总是经历失败，又得不到足够的情感支持，他们便会在持续的挫败感中自我怀疑，慢慢地，甚至会开始相信自己是无能的，只要碰到困难，第一反应就是"我不行，我做不到"。这在心理学上叫习得性无助，是心理学家塞利格曼提出的一个概念：本来可以采取行动避免不好的结果，却选择相信痛苦一定会到来，放弃反抗。

在面对挫折时，孩子首先需要的是父母无条件的情感支持，比如用积极的态度去理解孩子，在情感上支持孩子。理解孩子在遭遇挫折时必然会产生的失落、怀疑，我们需要去接受孩子的这些情绪，并且告诉孩子，"即使你失败了，爸爸妈妈也一如既往地爱你"，这样，才能够让孩子在面对困难时，有更正向的思维，更积极的调节方式，去解决问题，战胜挫折。祝好。

随心心（1星优质答主）

挫折教育一直有很多争议。最初提出挫折教育的学者本意并非"教育者人为地为孩子设置挫折"，而是借由孩子在日常生活中遭遇的挫折，激发其潜能，磨炼其意志，提高其心理弹性。

科学家相信，心理弹性（又称抗逆力）是一种积极向上的心态，在人们的生活中有着举足轻重的作用。《阿甘正传》中有一句话，"生活就像一盒巧克力，你永远不知道下一块会是什么口味的"，意思是说，人生难以预料，常常会有一些"意外"。

等来好运固然可喜，然而，人生不如意事，十常八九，对我们影响最多的往往是那些挫折。也许疾病来袭，干扰了你的学业，一次交通堵塞，可能会影响你一天的心情。当人们在遭遇挫折、压力、重大变故时，有人会逃避现实，陷入焦虑的旋涡；有人彻底被困难打败，以极端的方式伤害自己或家人。心理弹性强的人会迎难而上，迅速调整，度过逆境。

在日常生活中，要想提高孩子的心理弹性，有以下几个注意事项。

① 就事论事，不否定孩子的全部。
② 给孩子适当的启发和方法指导，尽可能让孩子自己解决问题、克服困难，让孩子体验到成就感，感受到家人的关怀。
③ 巧用挫折。生活中，孩子无时无刻不在遭遇大大小小的挫折，不要嫌孩子拖拉就替孩子解决问题，要给孩子足够的时间去思考和探索，并引导孩子去总结自己的成功之处。
④ 给孩子足够的理解、支持和爱，即使只是一个鼓励的眼神、一个紧紧的拥抱，都可以给孩子不断尝试和探索动力与信心。

13 / 辅导孩子写作业容易发脾气，是不是家长的通病

我在辅导孩子作业的时候，总是控制不住自己的脾气。看到他做错的习题我总是怒火攻心，恨铁不成钢，然后就开始大声说话，没有人身攻击，就是大声说，"你怎么又做错""不是说了很多遍吗""下次能不能做对"诸如此类的句子，意识到自己做得不对的时候我会和他道歉，会细声慢语地和他沟通，但是下次还是会犯同样的错误。

我该怎么改？这是家长的通病吗？希望能得到回答，谢谢。

💡 Sai（3星优质答主）

网上的段子都说：不辅导作业，母慈子孝，一辅导作业，鸡飞狗跳。辅导作业让很多家长头大，是大家面临的大难题。

之前我看过一篇文章，是专攻青少年心理问题研究的，以下是我摘录的一些辅导孩子作业的方法。

每天在孩子回家后问孩子有哪些作业，然后根据作业的内容难易程度，把作业分成"简单"和"难"两个难度，让孩子先做简单的，再做难的，最后再做简单的。

告诉孩子，如果你抓紧时间写，20分钟就能写完。如果你在规定的时间完成，你就可以玩耍20分钟，如果没有完成，玩耍时间就会变少。让孩子知道，越快写完作业，玩耍的时间越多，越慢写完作业，玩耍的时间越少，而且做作业时犯错的多少也和玩耍时间相关。让孩子从小就养成好的习惯，等孩子上初中、高中，他就可以自己做规划——先做简单的，再做难的，最后再做简单的。

以下是一些具体情况。

1. 孩子字写得潦草怎么办

错误做法 发火，"怎么写得这么乱，你就不能写好点"，甚至气得把孩子的作业撕了。

结果 孩子一脸茫然，不知所措。

正确做法 严肃地、平静地对孩子说："我已经说过了，写不工整要重写，因为不工整，老师看不清楚，你看，这是规定，不能破坏，所以你必须重写。看，你应该这样写字（讲述写字规范，横平竖直，大小一致）。只要你写得比刚才的字有进步就行，有信心吗？"

结果 孩子懂得规定的重要性，心想："比刚才的字有进步，容易。"孩子会对自己充满信心。

2. 孩子考试不及格，看到成绩单后怎么做

错误做法 训斥孩子："你看你，考这么点分，你也不嫌丢人？你看人家谁谁，人家怎么就能考一百？你笨死了！气死我了！"更有甚者会使劲踢孩子。

结果 孩子心情坏到了极点，心想："我完了，我这么笨，学不好了，再怎么学也学不好。"

正确做法 安慰孩子："我知道你心里也不好受，一次没考好不代表什么，关键是找出没考好的原因，然后解决它，好不好？我和你一起分析一下。我相信你，下次一定会有进步。"

结果 孩子认真地找原因,心想:"我要努力,不辜负爸爸妈妈的期望,我一定行。"

3. 孩子问了个问题,你不会,怎么办

错误做法 不高兴,说"别瞎问了,把学习搞好就行了,每天不知道想的都是啥"。

结果 孩子心想:"哎,没劲,总说学习学习,烦死了,不问就不问。"从此,遇到难题一概略过,不求甚解。

正确做法 高兴地说:"你能问这么难的问题,证明你动脑筋了,不错,可是我也不会,咱们一起研究研究吧,好吗?"

结果 孩子心里很高兴,以后遇到问题时愿意钻研,非研究明白不可。

4. 孩子该睡觉了,作业却没写完,怎么办

错误做法 训斥孩子:"你气死我了,怎么又没写完,我一会儿不看着都不行,快点写!我看着你。"

结果 孩子一点也不着急,依然慢悠悠的。

正确做法 严肃地、平静地对孩子说:"孩子,写作业是你自己的事,你要对自己的事负责,没写完就不写了,该睡

觉了，明天自己去学校跟老师解释吧。"让孩子为自己的行为负责。

结果 孩子意识到自己的错误，很后悔，心里想："这下完了，怎么跟老师说呀，看来明天写作业得快点了，不然还得挨批。"

5. 孩子一直看电视，不睡觉也不写作业，怎么办

错误做法 怒气冲天地把电视关掉，吼叫着让孩子去写作业或睡觉。

结果 孩子不高兴地去了，心里恨你，说你是"暴君"。

正确做法 平静对孩子说："你该写作业了，如果写不完会挨批。你还想看多久？"孩子："我再看10分钟行吗？"你："行，说话算数，到时间就关电视。"双方各退一步。

结果 时间到了，孩子主动关电视，去睡觉或写作业。

14

生了二胎后，老大经常打老二怎么办

我是新晋的二胎妈妈，老大是女孩，现在不满27个月，老二是男孩，不到两个月。

我现在很迷茫。生老二和坐月子的时候都在娘家，每周孩子爸爸会带老大和婆婆一起来看望老二，坐月子期间老大是由婆婆照顾的，月子结束后回到自己家，一下就遇到问题了。老大可能是敏感期或者叛逆期，就坐一个月子的时间，这个孩子就变化特别大，说话风格较我生老二前有了很大变化，脾气也大了，天天说"不行""不能""不可以""不吃饭""不睡觉"这样的否定词，成天哼哼唧唧，你问

> 她什么事她也不说,要不就是哭。我觉得她是喜欢弟弟的,但是我一给弟弟喂奶她就打弟弟的头,拽弟弟的胳膊和腿,踢弟弟,不让我喂奶。试图好好跟她沟通,结果是她说喜欢弟弟,但还是打弟弟,试图在她打弟弟之后回手打她,告诉她这种感觉叫"疼",她当然知道疼,然后就哭。面对这样的老大该怎么办?

💡 冰蓝(3星优质答主)

我感受到了你女儿的不安全感,她两岁半左右,女孩比男孩早熟一点,这个时候差不多是她的第一逆反期,然而就在此时,妈妈突然离开自己快一个月,多出来的弟弟她也没搞懂是怎么回事。

问她喜不喜欢弟弟,她说喜欢,但她理解的喜欢和大人理解的不一定一样,我们觉得如果她喜欢弟弟,就会关心、爱护弟弟,但她说的喜欢弟弟,可能只是说弟弟好玩,不要用大人的思维去理解孩子。

而你女儿，估计她自己都不知道自己为什么会这么做，但她就是不爽，她的妈妈突然就不是那么爱她了，去爱了另外一个人，她感到自己的爱被抢走了，感到了不安全。

所以，要和她沟通，而不是站在大人的角度，希望她喜欢弟弟、接受弟弟，不在乎她的感受。最重要的是，让她感受到你还是和以前一样爱她，她觉得安全了，自然就能接受弟弟了。

💡 千寻~~~（4星优质答主）

老二的出生很容易让老大感受到被忽视，被冷落，仿佛本该独享的爱被夺走了。而且老大也才27个月，正处于第一逆反期，自我意识刚刚萌芽。两种因素叠加，孩子自然很容易闹情绪。

解决方案就是多爱老大一点，除了妈妈，爸爸和其他家人也要在这段特别的时期多多关注和关心老大，陪她玩，照顾她的情绪。随着时间的流逝，她会发现虽然妈妈生了弟弟，但对她的爱也没有减少，慢慢就会更有安全感，也比较不容易对弟弟有敌意，嫉妒弟弟。

15 / 和叛逆期女儿讲道理讲不通,如何沟通

最近,14岁的女儿因为想留宿外面,不肯回来上课而跟我置气,在朋友圈骂我,告诉亲戚朋友我有多么坏,无中生有,把我的电话微信全部拉黑。

叛逆期的孩子怎么这么可怕,她现在经常这样,道理根本讲不通,随心所欲,以自我为中心,得天天拍她马屁,真是作孽。想跟她好好聊,她却根本不给机会。

她还可以回到之前乖巧可爱的她吗?在这种情况下,我需要怎么做,是晾她一段时间好呢,还是主动求和?请教有经验的老师或家长,请指点迷津!

💡 日月银（2星优质答主）

你有没有发现，在这段描述里你是带有强烈情绪的。当然，面对女儿的"叛逆"，你有权利有情绪。你描述说女儿曾经是乖巧可爱的，为什么现在性情大变，甚至用了"可怕"这样的词。我想把这样的转变简单地归因为叛逆期是不准确的，你需要好好捋一捋这种转变背后的原因。是这段时间里家里发生了什么，还是未来家里将要发生什么，而这些事是孩子不愿意面对的，或者是其他原因呢？

另外，在你的描述里只有女儿和自己，没有出现她的父亲，能冒昧地问一句，你和她父亲的感情如何吗？孩子是敏感的，她很容易就能感受到家里微妙的变化，如果你们俩有什么，大可以告诉女儿实情。家是一个讲爱的地方（并不是说不能讲理），你应该是出于担心她的安全所以不同意女儿在外留宿，可是你为什么要把这种关心用指责的方式表达出来呢？在沟通上，请先表示对女儿的理解，然后告诉她你的感受，不要指责她。

好孩子都是夸出来的（并不是说无论孩子做了什么事都要一顿猛夸），处于青春期的孩子，可能只是自我意识太强，需要多引导。希望对你有用，祝你和女儿的关系早日破冰。

💡 回笼觉教主（2星优质答主）

很理解你作为父母对叛逆期的孩子又爱又恨的心情，要陪伴孩子顺利度过这个时期确实很不容易，需要付出很多时间和精力，也要有足够的耐心。叛逆期是孩子自我意识飞跃的第二个关键期，在这个时期，不论是孩子还是父母，都要接受和适应分离的过程，虽然会产生很多矛盾，但这是孩子走向心智成熟和独立的必经之路。

根据你的描述，孩子小时候是非常乖巧的，这样的孩子通常会服从父母的要求，甚至委屈自己去满足父母的期待，但这并不意味着乖孩子就没有自己的想法和感情，只是他们倾向于压抑自己而已，这些被压抑和隐藏的想法和感情始终在寻找适当的时机"冲出来"，这也正是为什么乖孩子在叛逆期会表现出更加激烈的反叛行为。

面对处于叛逆期的孩子，父母与其选择与其对抗，倒不如选择坦然接受孩子终将成为一个独立个体的事实。希望题主能够反思一下自己，以往与孩子相处的时候，是否经常使用命令式的语言？是否真正注意征询并尊重孩子的意愿？是否常替孩子做决定？是否强迫或经常暗示孩子按照自己的期待行事？

虽然现在孩子的逆反心理已经比较严重，但还是要相信孩子具有最基本的判断能力。在不涉及原则的问题上，可以适当放手，给孩子试错的机会。此外，可以尝试以平等的姿态和孩子进行一次平心静气的交流，控制好情绪，真诚地检讨自己的过失，请求孩子理解和原谅自己，以化解孩子对自己的反感甚至是仇恨。

当然，如果孩子出现比较极端的行为，家长还是要及时制止的，并与孩子讲清道理。此外，老师及同学也是孩子生活中非常重要的一部分，可以适时寻求他们的帮助。青春期的孩子都很敏感，情绪波动大是很正常的事情，父母要多一点包容，多一点平和，多一点信任和鼓励。加油！

第 4 章

婆媳问题，千古难题

16

老婆对我父母不尊重该怎么办

我老婆是全职太太，现在带着快三岁的儿子，带孩子确实是一件非常辛苦的事情。我们没有和我的父母住在一起，但就只隔一条马路，我让老婆经常去父母那边，把孩子交给父母带带，老婆就是不愿意，父母想带却不能带。每次和老婆去父母那边，老婆都会买些东西带过去，但是始终感觉大家还是有距离。老婆去到父母那里就是躺在沙发上玩手机，吃饭也很少等父母一起，人还没有坐齐她自己端着碗就开始吃了，也不懂得拿一下筷子、递一下碗，吃完饭继续躺着玩手机，也不知道帮忙收拾。

> 家里有其他人的时候,或者她父母过来的时候,她就表现得特别勤快、懂礼貌,我父母其实从来都不会让她洗碗。对她这种表现,我感觉我父母有想法但不说,怕她生气。她回到她家就特别勤快,懂礼貌。今天吃完饭,我妈问她吃不吃西瓜,她没有反应,又问了一遍,她还是只顾玩手机,没有反应,我问她,她也没有反应,然后我大声了点并且有点不耐烦地问了她一遍,她回答"你在问谁?不知道称呼吗",然后就生气走了,我该怎么办?

💡 谢丹(2星优质答主)

夫妻如果想走得长远,就需要互相了解和理解,更成熟的一方应投入更多的包容和理解,并找到有效的方式去影响对方。从你的描述来看,你似乎是更成熟的一方,我们可以从以下几个问题入手,分析你的情况。

1. 你太太对你和你家的态度、沟通方式是从认识起就这样，还是什么事让她变成了这样？她有没有表达过她有什么不满？先找可能的直接原因。

2. 你太太跟她父母的关系，她从小的生活环境和经历是怎么样的？太太有跟你谈过她的感受吗？弄清楚她跟你和你的父母的沟通是不是沿袭了她原生家庭的模式，又或者是找到了空间去表示对她的原生家庭模式的不满？她的父母之间，以及她的父母与上一辈之间的关系是怎样的？

3. 你太太对孩子的态度和教养方式是怎样的？孩子跟你、她、爷爷、奶奶、外公、外婆的关系亲疏情况是怎样的？孩子能够自由表现和表达自己吗？太太有跟你谈过为什么在带孩子这个问题上不喜欢爷爷奶奶的介入吗？试着理解你太太的一些想法和理念。

4. 你太太跟其他人的相处如何？她有没有比较亲密的朋友？如果跟太太之间没有非常坦诚地沟通过，以上问题你未必能立刻回答出来，你可以多多观察。可能的话，可以试着以关心而不是质问的态度去跟太太做一些交流。

💡 Levi（5星优质答主）

按照你的说法，你老婆在自己家很勤快，也很懂礼貌，她自己父母在的时候她也很勤快，那她的异常表现就只能是针对公婆了。我相信没有谁从一开始就不尊重自己的公婆，每一个初为人媳的女孩都曾幻想过跟自己的婆婆像母女一样相处，但是事实往往会狠狠地打她们一个耳光。真正蛮横不讲理的媳妇有几个，而那些鸡蛋里挑骨头的婆婆又有多少？

你有没有想过为什么她不尊重你的父母，是不是你的父母先不尊重她，处处为难她？以前是不是发生过什么事情，导致她和你父母之间一直有隔阂呢？或许是你不知道的事情。一般情况下，她们不会无缘无故就产生隔阂，要么是经历过什么事情，要么是性格不合，或许你可以深入了解一下。只有找到了根本原因，才能从根本上解决问题。

婆媳问题中男人的立场很重要。当你站在你父母那边的时候，你的父母会对这个所谓的外人变本加厉；当你站在你老婆这边的时候，你老婆应该也不会做太让你为难的事。其实很多女人并不是要争这口气，只是要你的态度，所以男人的态度很重要。你老婆质问你，也许就是因为她觉得你更偏向父母。我大胆地猜测一下，会不会是你的父母想要带孩子，而你老婆不想让他们带，产生了矛盾呢？

17

老公与父母发生冲突，父母要求我离婚

我28岁，去年10月刚领证。今年1月份和老公、爸妈一起去度蜜月，谁知途中因为一点小事，妈妈唠叨了老公几句，他就不高兴了，跟我妈吵起来。两人都得理不饶人，越吵越凶，最后老公拿了一桶刚泡好的泡面扔向我妈，还冲我妈大喊"我弄死你"。我爸妈简直气疯了，回到国内，要求我们一定要离婚。此前，我们恋爱五年，我爸妈一直都不同意，我家里的其他人也不太满意我老公，觉得他在

很多方面都表现得很自私。

通过这次矛盾，我爸妈发现他有暴力倾向，觉得他突破了底线，更加坚定了让我们分开的决心。事情发生后，老公没有正面跟我爸妈认错，他并未从心底认识到自己的错误，反而想让我跟我爸妈脱离关系，跟他过日子。现在我很纠结，一方面我很恨他对我爸妈的不孝顺，另一方面，我也放不下几年的感情，而且觉得自己刚领证不到三个月，分开有点可惜。但如果不顺从爸妈，我又觉得自己是个不孝之人。我心里很矛盾和纠结，不知道该怎么办。

💡 心理老菜（5星优质答主）

几天前就看到了你提出的问题，当时看完后，我有两点感受：一是你老公的冲动无限，二是你的忍耐无限。说老实话，我当时也不知道怎么帮你，今天回头再来看你提出的问题，我觉得自己有了一个较清晰的认识，说出来供你参考。

1. 你父母的越界教育造就了无界限的你

从你父母一直对你恋爱的不满和这次寸步不让的态度来看,他们非常习惯控制别人,特别是你的母亲。可以想象,在你的成长历程中,几乎都是他们"发号施令",你执行命令。他们习惯了按照自己的认识推进生活,他们习惯了指挥、命令,而你也习惯了按要求来做,甚至觉得有难题就交给父母,自己完全不需要动脑筋。久而久之,父母习惯了越界包办,你也习惯了言听计从,以至于你老公将泡面扔在你母亲身上的时候,你自身的"应激机制"都没有启动。你这样的表现,恰恰是你父母长期越界包办的结果。

2. 你的老公也许就是比较适合你的人

谈论中,你已经意识到了他的性格缺陷,他也是一个会越界的人,这一点毫无争议。这里我更想说的是,他可能就是那个适合你的人。原因如下。第一,你们恋爱了五年时间,直到克服父母的反对结了婚。第二,面对这次家庭情感冲突,你们两个的关系并没有受到太大影响,我认为你一直觉得他是适合你的。第三,从性格互补的角度看,他的越界性格和你的无界限不会发生冲突,某种程度上讲,他的出现恰恰接替了你父母"指挥官"的位置。

3. 借此机会建立边界感可能是较好的选择

我们可以想象一下不同的选择可能带来的后果。一是离婚，与父母一起生活，也许你会长期处于单身状态；二是维持婚姻，与父母决裂。两种方案的结果都不完美，我更倾向于维持婚姻。

告诉老公，你会和他永远站在一起。请他给你一些处理家庭问题的时间，也希望他能够配合你，缓和你们家的矛盾。告诉父母，你永远是他们的孩子，请他们给你些处理问题的时间。在这段时间，表面上和老公分开，可以说"老公不愿意离"之类的话。

希望大家都对这件事有一个客观的认识，能够知道自己的不足是最好的，但是我想，对于你的父母和老公来说，要他们转变自己的观念是非常困难的，他们都习惯了别人为自己让步！因此，为了你的生活，勇敢地建立边界感。

💡 Psyc2Know（2星优质答主）

我们的幸福源于关系，我们的不幸也源于关系。我不知道该给出什么样的建议，因为我对你的生活状态、原生家庭、两个人的感情状态一无所知。在这种情况下，我无法给出具体的建议。但看到你描述的经历，还是特别想和你说一句：你对自己的生活状态有过思考吗？你对自己和原生家庭的关系有过反思吗？你对和他的感情有过理性的梳理吗？

各方都希望你做出符合他们心意的决定，而你也因为亲情、爱情的压力而有点透不过气来。如果是我，我也会不知所措，但我会给自己一点时间和空间，从现有的紧张氛围中跳出来一会儿，思考一下前面我说的几个问题。如果一开始想不清楚，我会把各种利害关系都写出来，摆在自己的眼前，这会让我更容易逃离混乱的情绪。

在我搞清楚自己的想法之前，我不会着急做决定。毫无疑问，这件事是你人生的一个重大危机，但这里边也蕴藏着一个让你成长的机会，如果你能理性地处理这件事，你会成长一大步，变成自己命运的掌控者。而现在，你好像不是，你的命运被他们摇来摇去，摇得你好辛苦。有些看似不可能的事情，其实只是当下的自己过于慌张，看不到更好的解决方法而已。也许当你更冷静些，你会看到新的可能、新的选择，你可以不被这几个选项限制住。这么重大的问题，值得花些时间和心思，好好想一想。

如果各方都逼迫得太紧，就暂时出去几天，避一避，静一静。不管结果如何,都希望你获得内心的成长,得到自己应得的幸福。

18

和婆婆关系不好又必须住一起,怎么解决

我和婆婆之前有很多矛盾,我刚生完孩子,在这期间婆婆的一些做法真的让我很心寒。最近她跟我们一起住了,我现在只要听到她的声音就烦,只要她在家,我连话都不想说,会不自主地把这种情绪发泄在老公身上,我真的怕时间久了会影响我的婚姻,我该怎么办?

北京房价太高了,我们暂时负担不起再租一套房的

> 压力，现在住的房子公公出了大部分钱，婆婆把之前的房子卖了，出了一小部分钱。公婆离婚很久了，我知道婆婆和我们住一起是应该的，可是我们真的合不来，这是每天都要面对的问题，我真的很迷茫。

💡 Franklin（2星优质答主）

又见千古难题，婆媳合不来，怎么办？在婆媳关系中，最能起调和作用的就是你的老公。

婆婆必须要明白，自己也是从媳妇走出来的，现在自己的儿媳妇，不就是自己年轻的时候的样子吗？自己的有些做法是否有欠妥当？再说，你的儿媳妇和你的儿子生了孩子，也是你喜欢的孙子，你可不得对人家好点吗？这可是你也体会过的痛啊。一个女人愿意和你的儿子生孩子，这是真的爱啊！你儿子的后半生和你孙子的前半生还要这个女人的陪伴呢。

作为儿媳妇，也要清楚，没有你的婆婆，就没有你的老公。是你的婆婆赋予了你老公生命，养育他20几年，才有了现在。你要感谢你婆婆把你老公教育得这么好，没有让他变成什么坏人。她是陪伴你老公前半生的女人，可能年龄大了是会有脾气，但是你要跟她好好说，她会理解的。

对你老公来说，母亲是赋予自己生命的人，陪伴了自己的前半生，妻子是深爱自己的人，陪伴自己的后半生，她们是自己生命中最重要的女人。只有两者相互体谅，相互理解，才能和谐相处。建议：让你老公把婆媳关系的道理跟你婆婆讲讲明白。

邝珊（国家二级心理咨询师，3星优质答主）

能够感觉到你们婆媳关系的紧张度，如果没有得到有效缓解，婆媳大战就会一触即发，演变成家庭战争。虽说我们在结构上建立了独立的小家，但是因为经济原因，现在很多年轻夫妻还需要父母各方面的支持，这必然造成主人地位的纷争。

孩子刚刚降生，妻子身心俱疲，再加上心理处于脆弱期，过去和婆婆相处时发生的矛盾会不可避免地引发更强烈的情绪反应。同在一个屋檐下，婆婆有觉悟、做出改变的可能性微乎其微，改变的只能是我们看待问题的角度，调节自己的情绪。

既然现在已经存在两个女主人的角色,我们不妨划分一下,哪些事情可以由婆婆做主,比如家务方面,婆婆个人的生活、消费习惯等,哪些事情要夫妻做主,比如孩子的养育、休闲娱乐、理财等。当大家意见不一致的时候,怎么做对整个家庭的综合利益和未来发展有利,就怎么做。

制定行为纲要不难,最重要的是如何执行。一方面我们要感激父母对我们的付出和支持,心怀尊重和感恩;另一方面我们也要维持小家的运转。遇到矛盾时,男人如何做好消防员,也是需要学习的技能。只要我们不放弃努力,生活必然会越来越好。

第 5 章

互动进阶时间

💡 原生家庭影响评估

在此书你还可以获得：原生家庭影响评估。

美国著名家庭治疗大师萨提亚认为：一个人和他的原生家庭有着千丝万缕的联系，而这种联系有可能影响他的一生。或许你曾在自己身上寻找原因，试图修正，却没有结果。但不知道的是，这其实是原生家庭在你身上留下的烙印。

如果你还未能去觉察，则只会一次次在强迫性重复的怪圈中循环，影响终生。只有重新觉察、内化父母形象，做新的、合理的审查，才能摆脱家庭对你的影响，构建一个独立的自我，才能真正活出自我。

原生家庭影响评估（非免费），能帮助你察觉到你身上父母的"影子"，从情感、能力、态度及冲突4个方面，分析你的原生家庭正在怎样影响你。并根据你的测评结果，给你走出这种影响的建议，从而跳出代际遗传，发展出自主、自立的崭新自我，真正活出想要的人生。

扫码获得原生
家庭影响评估

💡 女性进化研究院分馆

人生答疑馆是面向壹心理所有用户的心理互助和成长问答社区。

这个社区是互助的:每个人都可以在这里发布令自己困惑的问题,也可以帮助他人解惑。

这个社区是公益的:任何人都可以免费发起提问,只要耐心等,总会等到自己满意的答案。

随着人生答疑馆用户的增加,我们听到了"更丰富"的声音:超过83%的高校心理学专业的同学反馈"希望借助人生答疑馆和自己的力量,帮助更多人摆脱心理困境";超过71%的高校心理学专业的老师希望建立自己的心理学小天地,通过知识传播,让更多高校学生意识到"求助并不可耻""求助是安全的、私密的";超过65%的中小型企业希望给员工建立一个"心理安全屋",帮助他们纾解心理压力。

人生答疑馆分馆满足了以上需求,建立了以馆长为核心,向高频兴趣点、关心的话题、居住的社区辐射的心理问答微圈子。这是一个小小的互助社区,是只属于馆长和成员的安全屋,在这里,你的心事有人倾听。

加入心理学互助社区,与有同样情况的小伙伴一起进入安全屋，沟通交流。

扫码加入女性
进化研究院分馆

附录
回答这九个问题，就能知道自己是谁

在心理治疗中，治疗师经常会和来访者讨论以下九个问题。能流畅回答出这些问题的人一般是有稳定身份认同的人，也就是一个找到了"我是谁"这个问题的答案的人。

一起好好来认识一下"我是谁""我在哪儿""我想要什么"，活得更笃定、更明白吧！

1 请你介绍一下你自己，你是一个什么样的人？

_____

_____

_____

_____

2 你有什么理想？这个理想是怎么形成的？

_____
_____
_____
_____
_____
_____

3 你理想的伴侣关系是怎样的？你在这个伴侣关系中扮演什么样的角色，承担什么责任？

_____
_____
_____
_____
_____
_____
_____

4 你理想的事业是什么,你正在做的工作符合你的事业理想吗?这份工作对你的意义是什么?

5 你怎么看待亲子关系?对你来说,一个理想的父亲/母亲是什么样的,你期望自己成为这样一个理想的父亲/母亲吗?

6. 你怎么看待钱？你认为赚到多少钱是足够的？如果你明天一早醒来，已经有足够的钱，你将如何安排自己接下来的生活？

_____
_____
_____
_____
_____

7. 对你来说，理想的性生活是什么样的？你理想的性道德是怎样的？在你的性道德观中，什么样的性生活是禁忌的、需要避免的，什么样的性生活是美好的，需要得到鼓励和发展的？

_____
_____
_____
_____
_____

8 你的择友标准是什么?你愿意和什么样的人交往,拒绝和什么样的人交往?

_____

_____

_____

_____

_____

9 你怎么看待死亡?你希望自己活到多少岁?你准备怎么度过从现在到死亡的这段时间?如果你要立遗嘱,这份遗嘱会怎么写?

_____

_____

_____

_____

_____

超越原生家庭

超越原生家庭（原书第4版）
作者：（美）罗纳德·理查森 ISBN：978-7-111-58733-0 定价：45.00元
一切都是童年的错吗？
全面深入解析原生家庭的心理学经典，全美热销几十万册，已更新至第4版！

不成熟的父母
作者：（美）琳赛·吉布森 ISBN：978-7-111-56382-2 定价：45.00元
有些父母是生理上的父母，心理上的孩子。
如何理解不成熟的父母有何负面影响，以及你该如何从中解脱出来。

这不是你的错：海灵格家庭创伤疗愈之道
作者：（美）马克·沃林恩 ISBN：978-7-111-53282-8 定价：45.00元
海灵格知名弟子，家庭代际创伤领域的先驱马克·沃林恩力作。
海灵格家庭创伤疗愈之道，自我疗愈指南。荣获2016年美国"鹦鹉螺图书奖"！

母爱的羁绊
作者：（美）麦克布莱德 ISBN：978-7-111-513100 定价：35.00元
爱来自父母，令人悲哀的是，伤害也往往来自父母，
而这爱与伤害，总会被孩子继承下来。

拥抱你的内在小孩：亲密关系疗愈之道
作者：（美）罗西·马奇-史密斯 ISBN：978-7-111-42225-9 定价：35.00元
如果你有内在的平和，那么无论发生什么，你都会安然。